Bordeaux 24 Novembre 1910

V

VENTE APRÈS DÉCÈS
Jeudi 24, Vendredi 25 et Samedi 26 Novembre 1910
HOTEL DES VENTES, 7, RUE VOLTAIRE
A 1 HEURE 1/2

OBJETS D'ART

ET

D'AMEUBLEMENT

Sièges
Petit Meuble de Salon à Médaillon
Faïences, Porcelaines
Bronzes, Peintures, Tableaux, Dessins
Livres, etc.

PROVENANT DE LA

Collection de feu M. le Général QUÉVILLON

(DE BORDEAUX)

M' J" DUGUIT
COMMISSAIRE-PRISEUR
11, Rue de la Devise, 11

M. Ernest DESCAMPS
EXPERT ASSERMENTÉ
2, Rue Jean-Jacques-Bel

Imp. G. CHARIOL, Bordeaux.

CATALOGUE

DES

OBJETS D'ART

ET

D'AMEUBLEMENT

FAÏENCES DIVERSES & PORCELAINES DE CHINE & AUTRES

OBJETS VARIÉS

MEUBLES, SIÈGES, PEINTURES, GRAVURES

DESSINS, LIVRES, etc.

PROVENANT DE LA

Collection de feu M. le Général QUÉVILLON

Dont la Vente aux Enchères Publiques aura lieu

A BORDEAUX, HOTEL DES VENTES, 7, RUE VOLTAIRE

Les Jeudi 24, Vendredi 25 et Samedi 26 Novembre 1910

A 1 HEURE 1/2

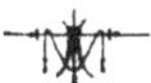

Commissaire-Priseur	Expert assermenté
Mᵉ Jʰ DUGUIT	M. Ernest DESCAMPS
11, Rue de la Devise	2, Rue Jean-Jacques-Bel

BORDEAUX

EXPOSITION PUBLIQUE

Les Mardi 22 et Mercredi 23 Novembre 1910

De 9 heures à 11 heures 1/2 et de 2 heures à 5 heures

Don S de Ries.

CONDITIONS DE LA VENTE

Elle sera faite au comptant ; les adjudicataires paieront **cinq pour cent** en sus des enchères.

Les acheteurs sont priés pendant les jours d'exposition de vouloir bien se rendre compte de l'état et la nature des objets, attendu qu'il ne sera admis aucune réclamation une fois l'adjudication prononcée.

L'ordre des numéros de la Vente sera suivi.

DÉSIGNATION DES OBJETS

FAÏENCES ANCIENNES

Pièces avariées

1 — Six pièces diverses.

2 — Un couvercle et deux assiettes bleues.

3 — Saucière Moustier et un petit cachepot.

4 — Un plateau carré, un plat jaune, un couvercle Strasbourg.

5 — Deux plateaux carrés Marseille, un petit sucrier Montauban.

6 — Porte-huilier Bordeaux, un petit bouillon Ardus.

7 — Saladier trempe l'œil olive, un petit biberon.

8 — Petitplat eau rond à piédouche polychrome Urbino.

9 — Plat creux jaune et bleu, bords contournés galbés, sujets chinois.

10 — Grand plat bleu camaïeu à relief Savone.

11 — Verseuse rose en Strasbourg, petit encrier forme de cœur.

12 — Grand plat ovale vert grotesque, une soupière jaune.

13 — Porte-huilier blanc (vieillard), deux petits écritoires.

14 — Une assiette au drapeau, une de Hannong.

15 — Soupière jaune avec couvercle ovale en Bordeaux.

16 — Deux assiettes à impressions, une Marseille, une Delft.

Pièces en bon état

17 — **Bordeaux.** Petit porte-bouquet à pans et une corbeille ajourée en Sud-Ouest.

18 — **Montauban.** Une assiette bleue et une italienne bleu rouille.

19 — **Moustier.** Saucière jaune, décor Callot.

20 — **Nevers.** Une assiette et un plat ovale bleu en Montauban.

21 — **Delft.** Grand plat camaïeu bleu, soupière jaune et son couvercle.

22 — **Bordeaux.** Petit cachepot polychrome avec fruits en relief.

23 — **Moustier**. Assiette polychrome dite à la pomme de terre.

24 — **Marseille**. Assiette polychrome.

25 — **Moustier**. Assiette vert et manganèse.

26 — **Moustier**. Assiette camaïeu bleu.

27 — **Montauban**. Assiette jaune à bords contournés, décor fin au marly.

28 — **Moustier**. Assiette au drapeau, petit plat jaune Montauban.

29 — **Marseille**. Assiette polychrome à fleurs.

30 — **Bordeaux**. Porte-bouquet polychrome.

31 — **Moustier**. Porte-bouquet vert et manganèse, décor Callot.

32 — **Moustier**. Porte-huilier au drapeau.

33 — **Delft**. Paire de cornets camaïeu bleu, fleurs et oiseaux.

34 — **Castelli**. Plateau rond polychrome et plateau de trembleuse en alcora.

35 — **Delft**. Potiche camaïeu bleu et son couvercle.

36 — **Moustier**. Encrier ajouré sur plateau, piédouche adhérent, camaïeu vert et manganèse.

37 — **Montpellier**. Plat rond, fleurs, à bord jaune.

38 — **Nevers**. Deux assiettes en polychrome.

39 — **Marseille**. Trois assiettes blanches à bords contournés dorés.

40 — **Moustier**. Une assiette verte Callot et une en Montauban.

41 — **Montauban**. Plat long jaune grotesque.

42 — **Nevers**. Deux assiettes, oiseaux et branchages.

43 — **Montauban**. Assiette polychrome grotesque.

44 — **Moustier**. Deux assiettes, à bords contournés, décorées au centre d'un décor chinois à la pagode en polychrome.

PORCELAINES DE CHINE ANCIENNES

45 — Quatre soutasses et trois tasses dépareillées.

45 bis — Six soutasses et cinq tasses dépareillées.

46 — Deux plateaux, deux soutasses, deux tasses dépareillées.

47 — Quatre tasses complètes, dont deux avariées.

48 — Deux petites tasses complètes.

49 — Trois tasses et soutasses.

50 — Deux tasses complètes.

51 — Deux tasses, dont une avariée, un cendrier.

52 — Trois gobelets Japon, une boîte à thé.

53 — Deux boîtes à thé.

54 — Deux tasses complètes.

55 — Deux tasses complètes, qualités différentes.

56 — Deux tasses gobelets, coquilles d'œuf, camaïeu bleu.

57 — Deux tasses complètes.

58 — Deux tasses complètes.

59 — Deux tasses complètes.

60 — Deux tasses complètes.

61 — Deux tasses complètes.

62 — Deux tasses et une soucoupe.

63 — Deux tasses complètes.

64 — Tasse coquille d'œuf bleu sur blanc et une tasse polychrome dentelée.

65 — Grande tasse à bords dentelés, feuillage et fleurs en polychrome, émaux en relief.

66 — Petite potiche bleue et son couvercle, avariée au col.

67 — Bol et son plateau, couvercle vieux camaïeu bleu au dragon.

68 — Bol cachou doré (félure) et bol bleu.

69 — Bol famille verte, fond garni d'un décor à la pointe, extérieur cachou doré.

70 — Petit drageoir rond vieux Japon polychrome.

71 — Petit plateau rond vieux Japon polychrome.

72 — Théière et son couvercle, famille verte à paysage.

73 — Théière à personnages, scène d'intérieur en médaillons en réserve.

74 — Petite cafetière et son couvercle, scène de cinq personnages.

75 — Petite cafetière et son couvercle.

76 — Petite potiche et son couvercle.

77 — Petite potiche et son couvercle.

78 — Potiche sans couvercle, différentes scènes de personnages.

79 — Bouteille à long col en Japon polychrome, décorée de roseaux et fleurs de pêcher en trois compartiments.

80 — Paire de bouteilles camaïeu bleu.

81 — **Chine.** Trois plats creux avariés.

82 — **Japon.** Trois assiettes.

83 — **Japon.** Plat grillagé avarié.

84 — **Chine.** Deux assiettes bon état.

85 — **Japon.** Plat polychrome bon état.

86 — **Chine.** Plat creux réparé.

87 — **Japon.** Plat bleu, rouge et or, parfait état.

88 — **Bacarat.** Deux carafons cristal taillé.

89 — **Bacarat.** Deux compotiers cristal complets.

89 bis — **Celadon.** Vase ancien, décoré en bleu, camaïeu en relief sur fond jade garni de bronze doré, style Louis XV.

Haut. du vase : 0.40.

PORCELAINES MODERNES

90 — Lot de onze pièces incomplètes et avariées.

91 — Six pièces diverses.

92 — Six pièces diverses.

93 — Tasse en Barbot, petit plateau faïence avec un chiffre.

94 — Trois pièces : grenouille, chinois, petit flacon en grès.

95 — Deux gobelets applatis verre, deux cornets Chine vert, une tasse Chine rouge.

96 — Deux vases cristal émaillé, buste femme porcelaine bleue.

97 — Petite potiche à reflet, petit vase ajouré faïence peinte.

98 — Un petit bol en satzuma et une petite théière genre famille verte.

99 — Tasse, carafon Bohême, carafon verre doré.

100 — Deux potiches jaunes, bouteille grès jaspée.

101 — Vase cristal barbotine blanc sur fond bleu et un tube cristal doré.

102 — Paire de flacons en porcelaine polychrome de Dolery (Pau) et une barque en cristal genre Galley.

103 — Porte-fleurs en forme de bouteille porcelaine imitation chinois en polychrome.

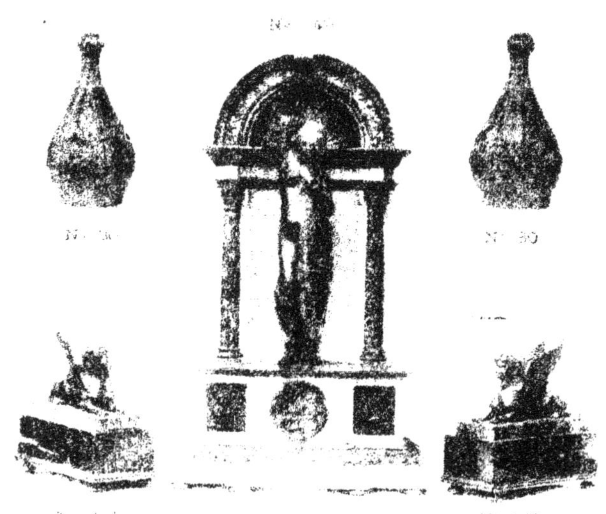

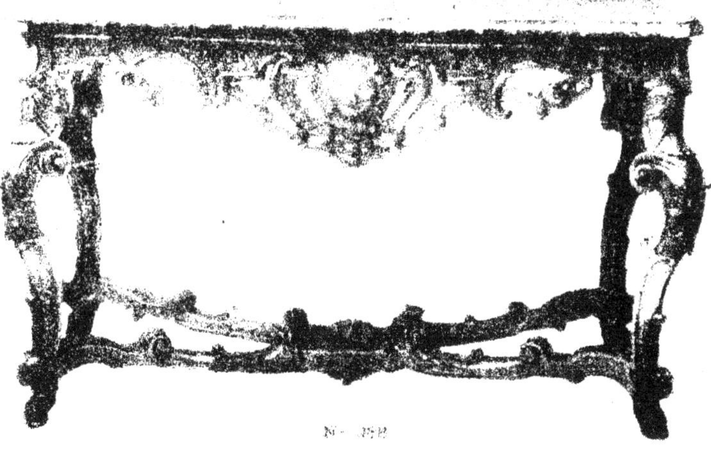

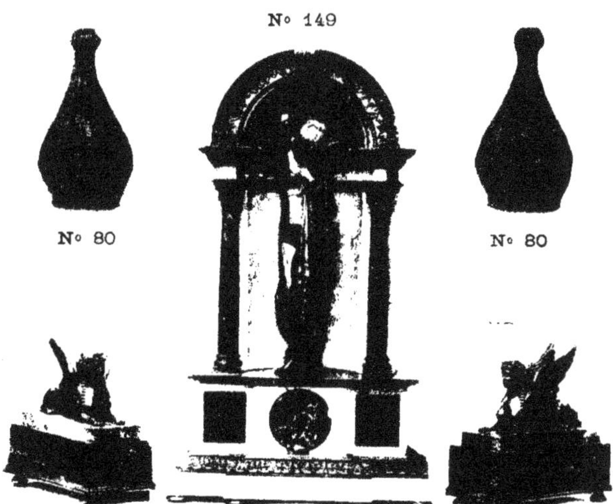

N° 149

N° 80

N° 80

N° 167

N° 167

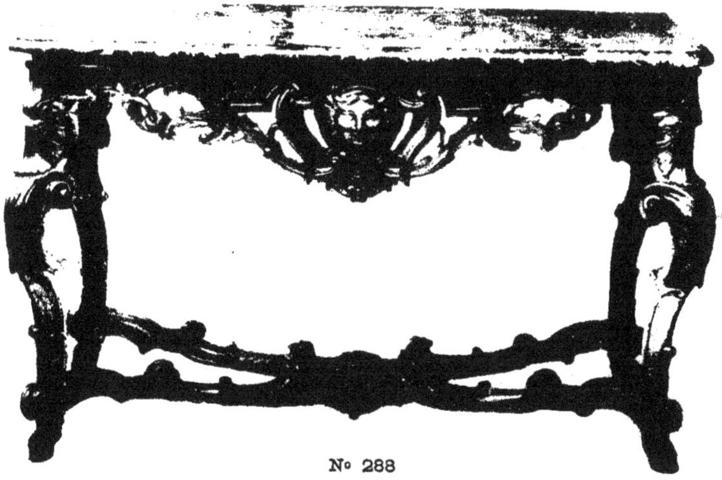

N° 288

104 — Petite corbeille à relief, décorée de papillons dans des médaillons en réserve sur un semis de fleurettes, charmante pièce de Jacob Petit.

105 — Jardinière en Nevers et un plateau de Vieillard.

106 — Deux corbeilles porcelaine et deux vases Valauris et Caranza.

107 — Deux vide-poches en grès et une boîte en faïence.

108 — Paire d'aiguières en cristal vert, garniture métal blanc.

109 — Vase en terre cuite, orné de fleurs et nuages en émaux en relief.

110 — Paire de petits vases 1er Empire en porcelaine, décorés de paysages.

111 — Pot à tabac porcelaine représentant une grosse femme en costume Louis XV.

112 — Deux pots à tabac en terre de Lorraine représentant deux gardes-champêtres.

113 — Aiguière et son présentoir en imitation de la Veuve Savy de Marseille.

113bis — Grès de Chine représentant une barre de couleur verte sur laquelle se reposent deux dragons jaunes.

114 — Quatre petits vases en verre et cristal bleu.

115 — Verre de Bohême rouge, deux petits vases cristal genre oriental, chandelier à 3 branches en Venise.

116 — Deux statuettes genre Saxe, porte-bouquets.

117 — Coffret carré genre Celadon, corbeille ajourée, tête de femme formant petite boîte.

118 — Un lot de vaquéros péruviens en terre noire.

119 — Deux cachepots faïence.

120 — Deux jardinières modernes.

DIVERS

121 — Deux bouteilles en grès allemand gris.

122 — Trois statuettes indiennes et un vase.

123 — Trois statuettes espagnoles.

124 — Deux mouchettes, deux petits encriers en terre noire, deux petites boîtes en bronze.

125 — Colonnette noire surmontée d'un aigle, une boîte laque noire, un bâton encre de Chine.

126 — Boîte ronde laque de Chine rouge et une boîte laque de bois de santal sculptée.

127 — Petite boîte à ouvrage à deux compartiments, coupe en marbre blanc, une plaque de jade moderne gravée.

128 — Coffret indien à mosaïque polychrome, vert dominant, monture bronze doré.

129 — Deux boîtes acajou avec ustensiles à faire du crochet et divers.

130 — Petit panier long oriental en jonc, un petit coffret indien forme de losange.

131 — Sabot breton bois sculpté découpé et une dent en ivoire gravé.

132 — Boîte rectangulaire recouverte de lances de porc-épic.

133 — Boîte à thé, petit coffret en cuir brun, aux petits fers (xviiᵉ siècle).

134 — Petite romaine mauresque en ivoire dans sa boîte bois naturel en forme de guitare.

135 — Dent en ivoire, buire en cuivre, plaque et cube de marbre et un petit poignard en fer.

136 — Profil de Henri IV et une vierge en fonte de fer, plus un mortier en bronze du xviiᵉ siècle.

137 — Profils du duc et duchesse d'Orléans, petits biscuits de Sèvres, sous verre.

138 — Plaque de mosaïque dans un cadre ébène guilloché, volatilles.

139 — Assiette de Sèvres 1812 (très avariée).

140 — Mᵐᵉ Louise, miniature ronde sur porcelaine.

141 — Mʳ Dumoulin, miniature ronde sur porcelaine.

142 — Le roi Louis XVI, ovale.

143 — Mʳ du Boccage, cadre doré, rond.

144 — Miniature homme, époque de Louis XVI, cadre doré.

145 — Grande boîte ronde en ancien émail cloisonné chinois.

145 ᵇⁱˢ — Boîte rectangulaire plate plaquée en racine de tuya, ornementée de plaques en cuivre repoussé et doré, du xviiᵉ siècle.

Long. 0.30.

146 — Boîte rectangulaire plaquée écaille blonde nuageuse avec application de laque d'or, intérieur renfermant six autres boîtes même travail, pièce de qualité (parfait état).

0.30 × 0.24.

147 — Petite pendule applique et un socle boule, application de cuivre
sur écaille, époque de la Régence.
Haut. totale : 0.50.

148 — Agréable petite pendule de chambre à colonnette, mouvement
tambour, époque de Louis XVI, marbre blanc et marbre noir,
garni de bronzes dorés, fins, de genre, de ciselure et de dorure,
parfaite conservation.
Haut. 0.45.
Larg. 0.25.

149 — Pendule marbre blanc et marbre vert, et bronzes ciselés, dorés,
représentant la fontaine de Médicis, avec une statuette la
«Phrynée» (de Pradier) en bronze de patine florentine et or.
Cette pièce fut achetée à la vente de l'artiste même.
Haut. 0.65.

150 — Garniture de cheminée en bronze et marbre noir, composée d'une
pendule surmontée d'une statuette en bronze de Aizelin représentant une jeune femme vêtue à la grecque, haut. 0.35, et d'une
paire de candélabres à cinq lumières.

151 — Pendule marbre noir, sujet bronze : « Sollicitude Maternelle ».

OBJETS CHINOIS

Deux lots de supports en bois sculpté.

152 — Deux éléphants Chine, ébène et ivoire.

153 — Statuette en pierre de Larre.

154 — Branche de fleurs en pierre de Larre.

155 — Divinité en pierre de Larre.

156 — Boîte rectangulaire laquée.

157 — Gourde en bois sculpté, suspendue dans un encadrement bois
de fer.

158 — Deux pièces de bambou sectionnées en hauteur formant appliques,
entièrement sculptées et incrustées de nacre, fleurs, oiseaux.
Haut. 1.20.
Larg. 0.13.

159 — Deux petits panneaux laqués noir avec application de personnages
sculptés.
Haut. 0.20.
Larg. 0.15.

BRONZES CHINOIS

160 — Petite statuette, femme tenant une branche feuillée: boîte avec
son couvercle en bois ajouré.

161 — Boîte ronde tachée d'or sur trois pieds, couvercle bois découpé.

BRONZES MODERNES

162 — **A. Cain**. Faisans.

Larg. 0.24.

163 — **P.-J. Mène**. Epagneul flairant le gibier.

Larg. 0.25.

164 — **P.-J. Mène**. Epagneul en arrêt sur un lapin.

Larg. 0.21.

165 — **Duret**. Les danseurs Napolitains (première épreuve).

Haut. 0.43.

166 — **Cumberworth**. Négresse porteuse d'eau (épreuve ancienne).

Haut. 0.65.

167 — Paire de Sphinx en bronze florentin, sur socle marbre de couleur,
moulures bronze doré, époque Ier Empire (belle qualité).

Haut. 0.25.

Larg. 0.25.

168 — Paire d'appliques, bronze doré, style Louis XV.

Haut. 0.35.

169 — Paire d'appliques, bronze doré, style Louis XV.

Haut. 0.35.

170 — Paire de flambeaux, époque de la Restauration.

171 — Paire de flambeaux, époque de Louis XV.

172 — Paire de bouts de table à deux lumières repoussés en creux et
gravés, époque de la Régence.

173 — Paire de petits flambeaux, époque de Louis XVI.

174 — Paire de flambeaux, époque Romantique, et une petite applique
Louis XV, bénitier en bronze et un autre en métal blanc.

175 — Pot en étain avec sujets en relief.

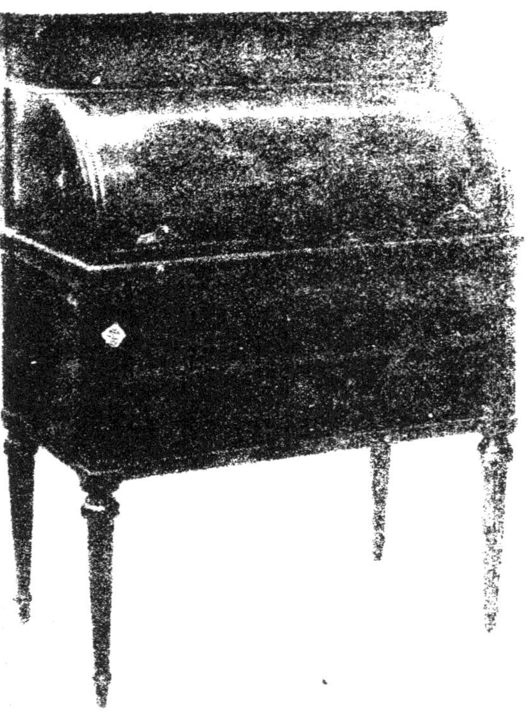

N° 277

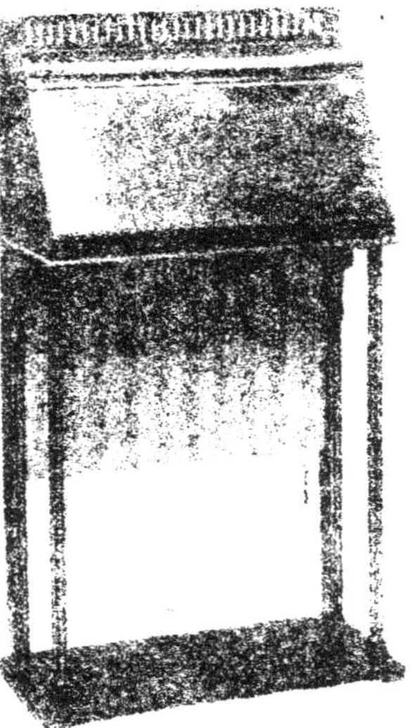

N° 272

BRONZES CHINOIS

Petite statuette, femme tenant [illegible]
son couvercle en bois ajouré

[illegible]

BRONZES MODERNES

A. Cain. [illegible]

P. J. Mène [illegible]

P. J. Mène, époque d'[illegible]

Barye. [illegible] Napolitain [illegible]

Cumberworth. [illegible]

Paire de flambeaux, bronze doré, [illegible]
[illegible] époque [illegible]

Paire d'appliques [illegible] époque de Louis XV [illegible]

Paire d'appliques, bronze doré, style Louis XV [illegible]

Paire de flambeaux, époque de la Restauration

Paire de flambeaux, époque de Louis XV

Paire de flambeaux [illegible] à deux lumières représentant [illegible]
[illegible] époque de la Régence

Paire de petits flambeaux, époque de Louis XVI

Paire de flambeaux, époque Restauration et une petite aiguière
Louis XVI [illegible] en bronze et une autre en [illegible]

Pot en étain avec sujets en relief

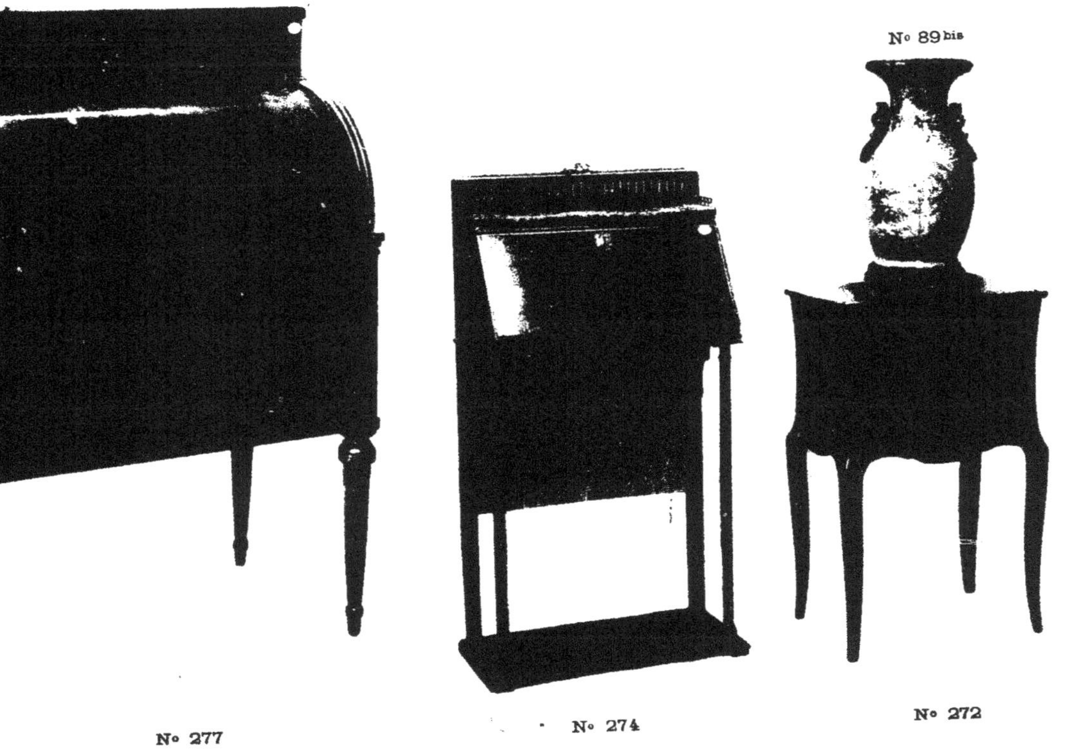

No 89 bis
No 277
No 274
No 272

176 — Paire de tubes en bambou sculpté.

177 — Deux statuettes bronze représentant deux jeunes seigneurs, costume du xvie siècle.

178 — Paire de superbes lampes en grès rouge au grand feu, genre chinois, monture bronze doré, avec leurs toupies à essence, abatjour, etc., style Renaissance.

Haut. sans le verre : 0.65.

179 — Grand garde-cendres bronze vert et bronze doré, époque 1830, pelle, pincettes.

180 — Paire de chenets à figures et toupies, époque de Louis XIV.

Haut. 0.40.

ARMES

181 — Revolver 0.07 dans sa boîte.

182 — Poignard indien, fourreau métal blanc doré.

OBJETS DE VITRINE

183 — Boîte à chapelets, forme coquille, nacre ; une petite statuette en argent étranger, sur socle.

184 — Deux petits cadres espagnols, bois sculpté doré.

185 — Lot d'agathes, petite boîte et moulages.

186 — Quatre boîtes racine et autres.

187 — Deux têtes d'anges et une tabatière.

188 — Quatre médailles en bronze et diverses monnaies.

189 — Bonbonnière cristal, boîte mosaïque et petit récipient cuivre, coquillage.

190 — Etui os sculpté et petite boîte bois de Santal (Chine).

191 — Bague, paire de petits flambeaux et coulant de cravate en métal blanc.

192 — Trois miniatures, homme époque Restauration et une femme époque de 1830.

193 — Etui à allumettes, un lapis monture cuivre doré, petite bourse au crochet époque 1830.

194 — Deux boîtes et un peigne oriental.

195 — Deux boîtes rondes, racine comprimée, à sujets.

196 — Bois sculpté chinois et une petite statuette : ours debout.

197 — Six boîtes à jeu, laquées, époque de Louis XV.

198 — Deux médaillons bronze, style Louis XVI, avec sujet ivoire et miniature femme.

199 — Petite plaque en mosaïque de Florence : Lion dévorant un chien, Ier Empire (exécution remarquable).

200 — Deux petites plaques carrées, en mosaïque de Florence, représentant des oiseaux, Ier Empire.

201 — Petit crapaud en vieux grès de chine marron, couvert de pustules en émail gris blanc.

202 — Trois éventails.

203 — Deux têtes en marbre, l'une antique, l'autre gothique.

PETITS BOIS SCULPTÉS

204 — Deux petites têtes de vieilles gens, bois dur sur fond noir, et une pièce de dossier de chaise représentant Appollon, xviiie siècle.

205 — Cinq pièces diverses appliquées dans un cadre fond peluche.

206 — Groupe de trois personnages, sujet religieux, fin du xvie siècle (haut. 0.15) et tête de salière flamande (copie de l'ancien).

207 — Panneau du xviie siècle représentant un cavalier romain.
Haut. 0.38 × 0.60.

PETITS BOIS DORÉS & CADRES

208 — Deux petites consoles appliques, bois sculpté ajouré.
Haut. 0.22.

209 — Un vase et son socle.

210 — Petit cadre de miroir, époque de Louis XIV, redoré, et une petite console Style Louis XV.

211 — Petite glace, époque de Louis XVI, peinte en gris.

GRAVURES

Un lot de pièces modernes à diviser composé de :

Deux photogravures encadrées et une descente de croix (Rubens) — Trois
pièces encadrées — Deux gravures et une litho encadrée — Deux
gravures religieuses, dont une en couleur — Une gravure « La
Caravane », pièce avant toutes lettres (H. Vernet et Rollet) —
Deux pièces anglaises en noir, dont une le prince de Galles
enfant (Wenterhalter et Samuel Cousens).

GRAVURES ANCIENNES ENCADRÉES

212 — Le Joueur de Violon et le Photographe et les Amants surpris
(Boucher).

213 — La Fidélité Villageoise, pièce en noir émargée (Frendberg et
de Launay).

214 — Le Jugement de Paris, pièce en couleur émargée (A. Kauffmann).

215 — A. Peasant Smoakin, A Cottage Seamstren, deux pièces anglaises
en couleur (par Wettall, gravées par Cock).

216 — Les premiers pas de l'Enfance (Fragonard et Régnault).

217 — La Lettre et la Main et la Frayeur de l'Enfant, deux pièces en
noir avariées (Mlle Gérard).

218 — Le Pâtre, pièce en couleur, cadre ancien (Aubertin).

219 — Sorrows of Werter, pièce anglaise en noir, belle épreuve (Rambert
et Bartolozzi).

220 — Le Sommeil trompeur et le Réveil prémédité, deux charmantes
épreuves en noir, bonnes marges, bon état (Boilly et F.-J. Wolff,
à Paris chez l'auteur, rue Saint-Séverin, n° 108 l'escalier au
fond de la cour au second, baguette sculptée, dorée, du XVIIIe
siècle).

221 — Le Chasseur au rendez-vous, le Chasseur au repos, le Chasseur
adroit, le Chasseur maladroit, quatre grandes pièces en aquo-
teinte de Moreau, élève de Jazet, dessinées par Kepfer. Cadres
du temps.

222 — Guinéa Piggs, bonne pièce en noir (Morland et R. Lévilly).

223 — La Promesse approuvée, en noir (Lépicié et Hemmery).

224 — La Cuisinière Italienne, en noir (Robert et Chatelain).

225 — Sir Willian Jackson Hooker, en noir (Gambadella et Walker).

226 — The Enloppement, Domestic Happiness (Morland et Bartolotti) et Drening fur the Masquerade, trois pièces en noir.

227 — Guillaume de Brisacier (Mignard et Ant. Masson).

228 — Napoléon, en noir.

229 — Portrait de femme (Gigoux).

Lot de pièces diverses, anciennes et modernes à diviser.

TABLEAUX

230 — Deux toiles sans cadre : Clocher au bord d'une rivière et la Fenaison.

231 — **Anonyme**. Deux paysages modernes.

232 — **Anonyme**. Petite nature morte : crevettes, fraises, cerises, etc.
$$0.30 \times 0.18.$$

233 — **Anonyme**. Jeunes perdreaux, fragment de toile, du XVIIe siècle.
$$0.38 \times 0.30.$$

234 — **Jean Dubois**. Grenades, pommes et cafetière.
$$0.30 \times 0.40.$$

235 — **Jean Dubois**. Pommes et fleurs dans un vase.

236 — **Jeannin**. Pommes, toile sous verre.
$$0.25 \times 0.32.$$

237 — **Jeannin**. Fleurs, toile sous verre.
$$0.25 \times 0.32.$$

238 — **Fauvelet** (1845). Faisan mort et accessoires de chasse. sur bois.
$$0.26 \times 0.23.$$

239 — **Anonyme**. Idylle, pastel d'après Diaz.
$$0.14 \times 0.18.$$

240 — **F. Marotin**. Coin de propriété animé d'un groupe de bestiaux au repos. toile.
$$0.36 \times 0.25.$$

241 — **Tournemire**. Petite marine, panneau.
$$0.10 \times 0.15.$$

242 — **Quévillon**. Chrysanthèmes.

243 — **Ch. Royer**. Fillette assise sur des rochers regardant la mer.
$$0.70 \times 0.60.$$

244 — **Anonyme**. Portrait de femme, époque de Louis XVI, armoiries avec couronne de marquis dans le haut de la toile.

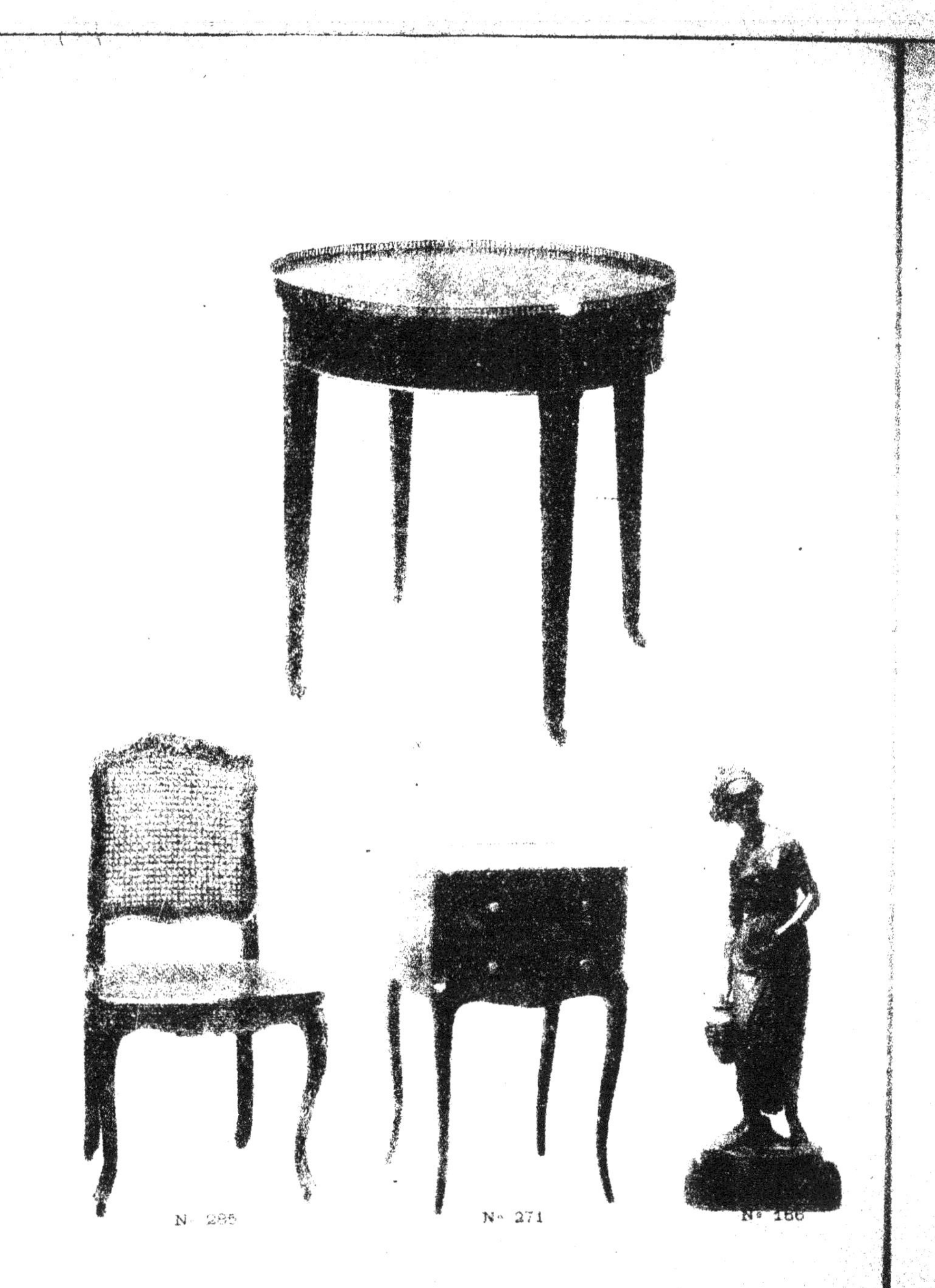

N° 285
N° 271
N° 186

225 — Sir William Jackson Hooker, en [illegible] (Gambadella et Walker).

226 — The [illegible], Domestic Happiness (Morland et Bartolozzi et
    [illegible] at the Masquerade, [illegible] pièces en [illegible].

227 — Guillaume de [illegible] (Mignard et Ant. Masson).

228 — Napoléon, en [illegible].

229 — Portrait de femme (Gigoux).

    Lot de pièces diverses, anciennes et modernes [illegible]

TABLEAUX

[illegible] — Deux [illegible] (Charlet [illegible] d'une [illegible]

[illegible] — **Anonyme.** Trois [illegible] paysages [illegible]

[illegible] — **Anonyme.** Petite peinture [illegible] les frais

[illegible] — **Anonyme.** [illegible] de [illegible]
    [illegible] X [illegible]

[illegible] — **Jean Dubois.** [illegible]
    [illegible] X [illegible]

[illegible] — **Jean Dubois.** [illegible]

[illegible] — **Jeannin.** [illegible]

[illegible] — **Jeannin.** [illegible]

[illegible] — **Fauvelet.** [illegible]

[illegible] — **Anonyme.** [illegible] pastel [illegible]

[illegible] — **F. Marotin.** [illegible] de propriété [illegible] d'un groupe de [illegible]
    [illegible]

[illegible] — **Tournemire.** [illegible]

[illegible] — **Quévillou.** Chrysanthèmes.

[illegible] — **Ch. Royer.** [illegible] su [illegible]

[illegible] — **Anonyme.** Portrait de femme, époque de Louis XVI, [illegible]
    avec couronne de marquise dans le haut de la toile.

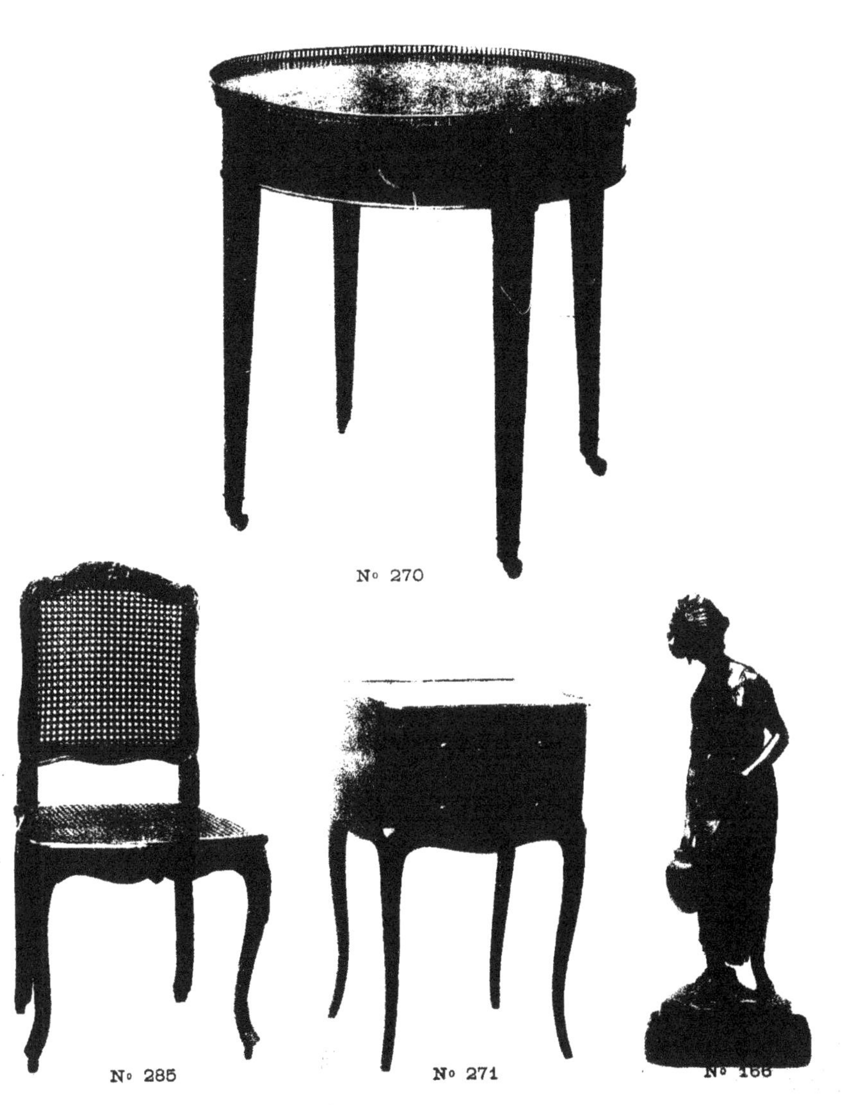

Nº 270

Nº 285

Nº 271

Nº 168

245 — **Anonyme**. Portrait de fillette, toile ovale (moderne).

246 — **Anonyme**. Jeune femme au bain à l'entrée d'une grotte, panneau rond (copie de Boucher).

247 — Copie moderne, d'après Boucher, pastel ovale.

Haut. 0.40.

248 — Copie ancienne, d'après Boucher, pastel.

Haut. 0.43.

249 — **N. Pierson**. Arbres bordant une rivière, toile.

0.40 × 0.33.

250 — **David** (Ecole de). Portrait de fillette tenant un chat.

0.05 × 0.50.

251 — **Anonyme**. Hussard du Iᵉʳ Empire.

252 — **Anonyme**. Tête de fillette, pastel, cadre cannelé.

253 — **A.-L. Robert** (1838). Rendez-vous de chasse forêt de Fontainebleau.

0.70 × 0.95.

254 — **Victor Dupré** (étude de). Paysage sur bois (initiales).

255 — **H. Bellangé** (1845). « Politesse », fermier et médecin à cheval se croisant (signé).

256 — **Quévillon**. Tête de jeune fille, pastel.

257 — **Quévillon**. Tête de bébé, pastel.

258 — **Quévillon**. Fillette appuyée sur des livres.

259 — **J. Coignet**. Paysage, mine de plomb (signé).

260 — **S. Morch**. Harfleur, 1889, plume en hauteur (signé).

261 — **Anonyme**. Trois portraits d'enfant dans un parc, dessin à l'estompe et crayon conté, du Iᵉʳ Empire.

MEUBLES ANCIENS

262 — Support, colonne torse, Louis XIII.

263 — Petit chiffonnier à 3 tirois, noyer naturel, fin du xviiiᵉ siècle.

264 — Table rectangulaire, noyer naturel, époque de Louis XVI, pieds cannelés.

0.75 × 0.55.

265 — Tabouret noyer naturel, bâtons contournés, époque de Louis XIII, recouvert de tissu moderne.

266 — Petite table à étagère, noyer, bâtons contournés, époque de Louis XIII.

0.50 × 0.60.

267 — Table à pieds torses, noyer naturel, époque de Louis XIII.

0.95 × 0.65.

268 — Petit coffre à bois, noyer naturel, époque de Louis XIII.

0.85 × 0.55 × 0.50.

269 — Crédence intéressante, sans dossier, en noyer sculpté, pieds à cannelures, époque de Henri IV.

1.55 × 1.30.

270 — Encoigure bombée, plaquée de bois de violette et de rose, marbre blanc en deux pièces, époque de Louis XV.

Haut. 1ᵐ.

271 — Petit chiffonnier à 2 tiroirs, acajou et noyer, plaquage à encadrement, transition de Louis XV Louis XVI.

0.45 × 0.35.

272 — Petit chiffonnier, gracieux de forme, à 3 tiroirs, époque de Louis XV, plaqué en bois de violette, décoré de branches d'olivier sur les tiroirs et le char de Vénus sur le dessus; la coloration du bois en est chaude et des plus agréable.

0.45 × 0.30.

273 — Petite commode à 3 tiroirs, bel acajou colonnes d'angles cannelées à ressaut, garnie de ses bronzes à anneaux, marbre de couleur, époque de Louis XVI.

0.95 × 0.50.

274 — Petit bureau volant, en acajou, à abattant avec écran, monté sur pieds cannelés fins, tablette dans le bas, 2 tiroirs en dedans, époque de Louis XVI.

Larg. 0.50, Haut. 0.95.

275 — Petite commode à 4 tiroirs, plaqué de bois de violette d'un dessin formant le natté plat, le vernis ancien et doré du temps, marbre de couleur, les bronzes ont été redorés (pièce de choix).

Larg. 0.90, Prof. 0.43, Haut. 0.85.

276 — Table bouillotte acajou, fin de Louis XVI, à 2 tiroirs et 2 tablettes, pieds en forme de gaîne, filets et galerie cuivre (marbre avarié).

Diamètre, 0.70.

277 — Petit secrétaire bureau cylindre, 2 tiroirs, érable moiré et acajou, cannelures et baguettes cuivre, 3 tiroirs en dedans (pièce sans retouche).

Larg. 0.75, Haut. 1.10, Prof. 0.50.

278 — Petite liseuse à écran devant de feu, en acajou, fin du XVIIIᵉ siècle.

279 — Petite commode d'enfant, à 3 tiroirs, les angles à colonnettes cannelées, noyer ciré.

280 — Crédence en noyer sculpté, pièce très intéressante, fin du xvi⁴ siècle.

281 — Jardinière sur 4 pieds, plaqué de bois de rose, avec sujet, époque de 1830.

282 — Lit en acajou orné de bronzes très finement ciselés et dorés, époque du I⁴ᵉ Empire.   1.55 × 1.20.

283 — Vitrine bibliothèque en acajou, bonne ébénisterie, époque de 1830.
           2ᵐ × 1.30.

SIÈGES

284 — Deux chaises, bois naturel sculpté, cannées, époque de la Régence.

285 — **Douze chaises** de salle à manger raquettées, noyer sculpté peint, noir rechampi d'or, dont une différente de sculpture et non peinte comprise dans les douze.

286 — Deux chaises noyer naturel sculpté, dossier recouvert, époque de la Régence, tapisserie au point moderne.

287 — Deux fauteuils noyer naturel sculpté, époque de Louis XV, recouverts en tapisserie au point moderne.

288 — **Grande table console** rectangulaire, à croisillons, de l'époque de la Régence, en noyer sculpté doré, marbre de couleur.
           Long. 1.30, Prof. 0.63.

289 — Petite console à une jambe, style Louis XV, blanc rechampi d'or.
           Larg. 0.45, Prof. 0.34.

290 — Chaise raquettée, à tiroir sous le siège, en noyer sculpté, époque de Louis XV.

291 — Table style Louis XV, ovale, à ressaut, noyer sculpté naturel.

292 — Petit canapé à 2 places, style Louis XVI, noyer sculpté naturel.

293 — Table a ouvrage style Louis XV, ébène et érable, avec sujets en marqueterie de couleur (Hoëfer, Paris).

294 — Chambre à coucher composée de : un lit, une table de nuit, une armoire à glace, style Louis XVI, en noyer sculpté laqué blanc et vert d'eau.

295 — Grande vitrine en acajou, pouvant servir de bibliothèque, époque de 1830.   Long. 1.35, Haut. 2ᵐ.

296 — Cartonnier et divers autres meubles en acajou.

297 — Suspension de salle à manger, vaisselle, verroterie et divers.

LIVRES

298 — Un lot de : six volumes Société d'Archéologie (années 1881-1886) ; neuf volumes Société de Géographie (années 1884-1887) ; un volume d'Anatomie générale, de Bichot ; six volumes du Guide pittoresque de France ; Dictionnaire français et anglais ; Méthode d'allemand et quelques petites brochures anglaises.

299 — Un lot de : Grand Dictionnaire français-anglais et anglais-français relié ; quatre volumes La Nature, grand format, reliés ; un volume : Les Femmes Illustres, avec gravures ; un Grand Atlas général, de Dussieux.

300 — Un lot de : trois volumes Dictionnaire illustré ; deux volumes Exposition Universelle de 1867 ; un volume Rome (Armaingaud) ; sept volumes Dictionnaire des Dictionnaires.

301 — Un lot de : quatre volumes Vie des Peintres Français et Italiens ; dix volumes Le Meuble dans l'antiquité ; dix volumes Revue d'Histoire ; dix volumes Jeanne d'Arc ; brochures diverses.

302 — Un lot de une Encyclopédie portative ; quinze fascicules de la Gazette des Beaux-Arts ; une Histoire Naturelle ; photographies de monuments ; divers.

303 — Un lot de : huit volumes Académie d'Orléans ; treize volumes Congrès d'Archéologie ; fascicules divers.

304 — Un lot de quarante-sept volumes et fascicules du Bulletin Monumental de Lefèvre-Portalès (années 1895-1900) ; quatorze volumes de la Société d'Archéologie de l'Orléanais.

305 — Un lot de livres anglais reliés (Byron, œuvres) ; Méthodes d'anglais ; Lectures anglaises ; Guides divers ; douze petits volumes sur les Manœuvres d'Infanterie.

306 — Un lot de livres anglais reliés ; Dictionnaires ; Lectures.

307 — Un lot composé de un volume Buffon ; un volume Vabiola ; quatre volumes Histoire des Français (de Lavallée) ; un volume Le Jeune Anacharsis ; un volume Ma Prison (de Sylvio Pellico) ; un volume La Vie des Animaux (de Franklin) ; un volume de Nicolas Nickleby (traduit).

308 — Un lot composé de : Les Parallèles, de Plutarque (en espagnol) ; Ouvrages militaires ; Œuvres en prose de Lamartine ; Littérature moderne ; Correspondance de Jacquemont ; Trésor Poétique ; Le Vicaire de Walkefield (traduit) ; Pièces d'Anatomie ; La Terre avant le Déluge ; diverses traductions.

309 — Un lot de huit jolis petits volumes de Racine (reliure rouge) ; une petite Bible. dorure sur tranches ; neuf volumes : un Virgile. un Lucien, un Scarron, un Florian, etc. ; divers.

310 — Un lot de vingt-et-un beaux volumes des Œuvres de Rousseau.

311 — Un lot de six volumes de Molière ; Histoire de Paris ; quatre volumes : Voyages (Cook).

312 — Un lot de trente-quatre volumes de l'Association des Sciences ; livres sur le Service des Places.

313 — Un lot de treize volumes de la Revue d'État-Major ; douze volumes de l'Annuaire de l'Armée.

314 — Un lot de musique ; six volumes d'Histoire de France ; huit volumes du Feuilleton du Siècle.

315 — Un lot composé de : La Bretagne (Janin) ; Chronique d'Histoire : Encyclopédie ; Atlas d'Histoire ; La Céramique ; Les Arts au Moyen-Age ; Histoire des Oiseaux.

316 — Un lot composé de : Œuvres et Relations de Voyages : Philosophie, Histoire.

317 — Un lot composé de : La Doctrine des Mœurs, ouvrage avec planches et gravures sur bois (1646) ; Abrégé d'Histoire Romaine, gravures sur bois, tailles-douces (1789) ; Histoire de Bordeaux, par Dom. Devieme (1762) : six volumes : Le Voyageur de la Jeunesse.

318 — Un lot composé de : un volume Lucain. un Quinte Curce. un imitation. un Manon-Lescaut. un Boileau. avec gravures et dorures ; divers.

319 — Un lot de livres divers. anciens pour la plupart. du xviiᵉ siècle.

320 — Un lot de **Contes et Nouvelles** en vers. par J. de La Fontaine (1777). portrait de l'auteur par Macret d'après Fiquet. peinture de Rigault. nombreuses gravures. deux volumes veau marbré. vignettes dorées. tranches dorées (parfait état).

320 bis — Un lot de quatre grands volumes des Fables de La Fontaine illustrées par Oudry ; Les Peintres (en fascicules).

321 — **Fables choisies** mises en vente par Mʳ de La Fontaine : Paris, chez Desaint et Saillant. rue Saint-Jean-de-Beauvais ; Durand, rue du Foin (1755) : de l'imprimerie de Charles-Antoine Gombert ; quatre volumes grand in-folio. veau fauve à filets, tranches dorées : Oudry. Tardieu. Gallimard. Bacquoy. etc. (très bel état).

FAÏENCES

322 — Un lot composé de salière, encrier, petite tasse avariée, cafetière, couvercle.

323 — Une assiette La Rochelle et une Montpellier.

324 — Deux assiettes en Bordeaux.

325 — Porte-huilier en Montauban et verseuse en Montpellier.

326 — Cuvette de fontaine en Rouen (avariée) et pot à eau en grès.

327 — Deux porte-bouquets bleu et blanc, La Rochelle.

328 — Groupe en grès gris (avarié).

PORCELAINES

329 — Vase de chine et petit tube sur socle bois doré.

330 — Flacon porcelaine anglaise.

331 — Cuvette, boîte à savon, boîte à brosse et une bouteille applatie, à long col, genre chinois,

332 — Grand plat de qualité famille verte (restauré).

333 — Deux socles bronze, découpés, dorés, époque de 1830.

334 — Statuette en bronze argenté, sans socle.

335 — Deux rafraîchissoirs bronze, plaqué argent, xviiie siècle.

336 — Statuette indienne en marbre blanc.

337 — Socle acajou cannelé et une petite boîte palissandre forme tombeau.

338 — Jeu de tric-trac en forme de livres et une plaque indienne, bois sculpté enluminé.

339 — Boîte à thé laque de Chine, les récipients plomb ouvré.

340 — Morceau de bois sculpté et bois doré.

341 — Grande boîte rectangulaire, plaquée en racine de noyer, garnie d'ornements en cuivre, xviiie siècle.

342 — **REMARQUABLE STATUETTE de divinité chinoise « Le Dieu de la longévité », en bois sculpté, d'une exécution artistique exceptionnelle.**

Haut. 0.50.

343 — Paire de flambeaux époque 1830, style Louis XV, en plaqué argent, les motifs d'ornements sont en argent.

Haut. 0.29.

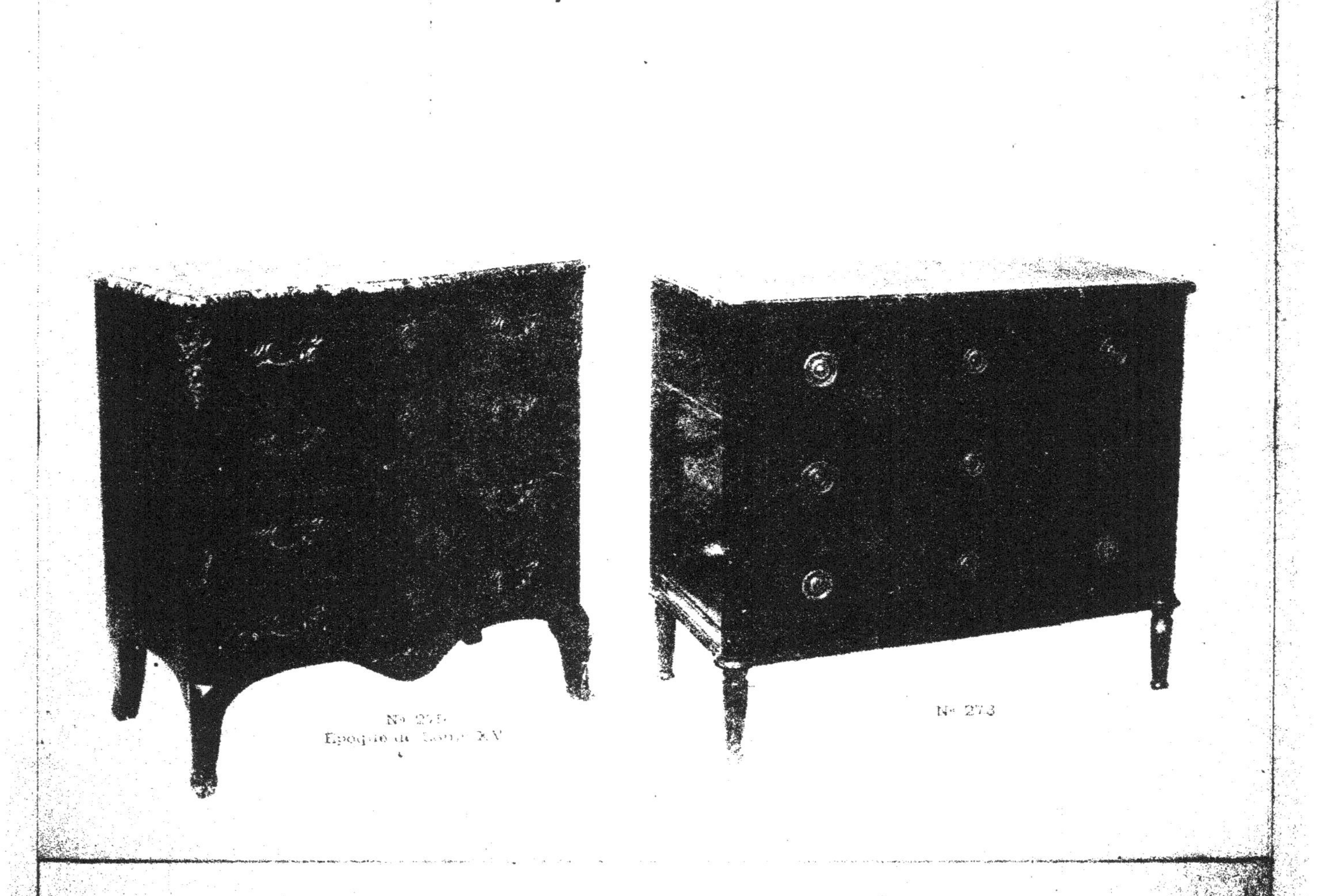

N° 274
Époque de Louis XV
N° 273

Objets & Meubles garnissant de la Villa Jeanne d'Arc
(PROPRIÉTÉ DE BIGORRE)

FAÏENCES

322 — Un lot composé de salières, [illegible] petite tasse avariée, cafetière, couvercle.

323 — Une assiette La Rochelle et une Montpellier.

324 — Deux assiettes en Bordeaux.

325 — Porte-huilier en Montauban et [illegible] en Montpellier.

326 — Cuvette de fontaine en Rouen [illegible] et pot à-eau [illegible].

327 — Deux porte-bouquets bleu et [illegible] La Rochelle.

328 — Groupe en grès [illegible] (avarié).

PORCELAINES

329 — Vase de chine [illegible] petit tube [illegible] doré.

330 — Flacon porcelaine anglaise.

331 — Cuvette, boîte à savon, [illegible] une bouteille aplatie à long col, genre chinois.

332 — Grand plat de qualité famille [illegible].

333 — Deux socles bronze, décomp. [illegible] Lac de [illegible].

334 — Statuette en bronze argenté.

335 — Deux rafraîchissoirs bronze [illegible] et, XVIIIe [illegible].

336 — Statuette indienne en marbre [illegible].

337 — Socle acajou cannelé et une [illegible].

338 — Jeu de trictrac en forme de [illegible] et une plaque [illegible], bois sculpté enluminé.

339 — Boîte à thé laque de Chine [illegible] serpents [illegible].

340 — Morceau de bois sculpté et [illegible].

341 — Grande boîte rectangulaire, plaquée en [illegible] de [illegible], ornée d'ornements en cuivre, XVIIIe siècle.

342 — **REMARQUABLE STATUETTE** de divinité chinoise « Le Dieu de la longévité », en bois sculpté, d'une exécution artistique exceptionnelle.

Haut. [illegible]

343 — Paire de flambeaux époque [illegible], style Louis XV, en plaqué argent, les motifs d'ornements sont en argent.

Haut. 0.[illegible]

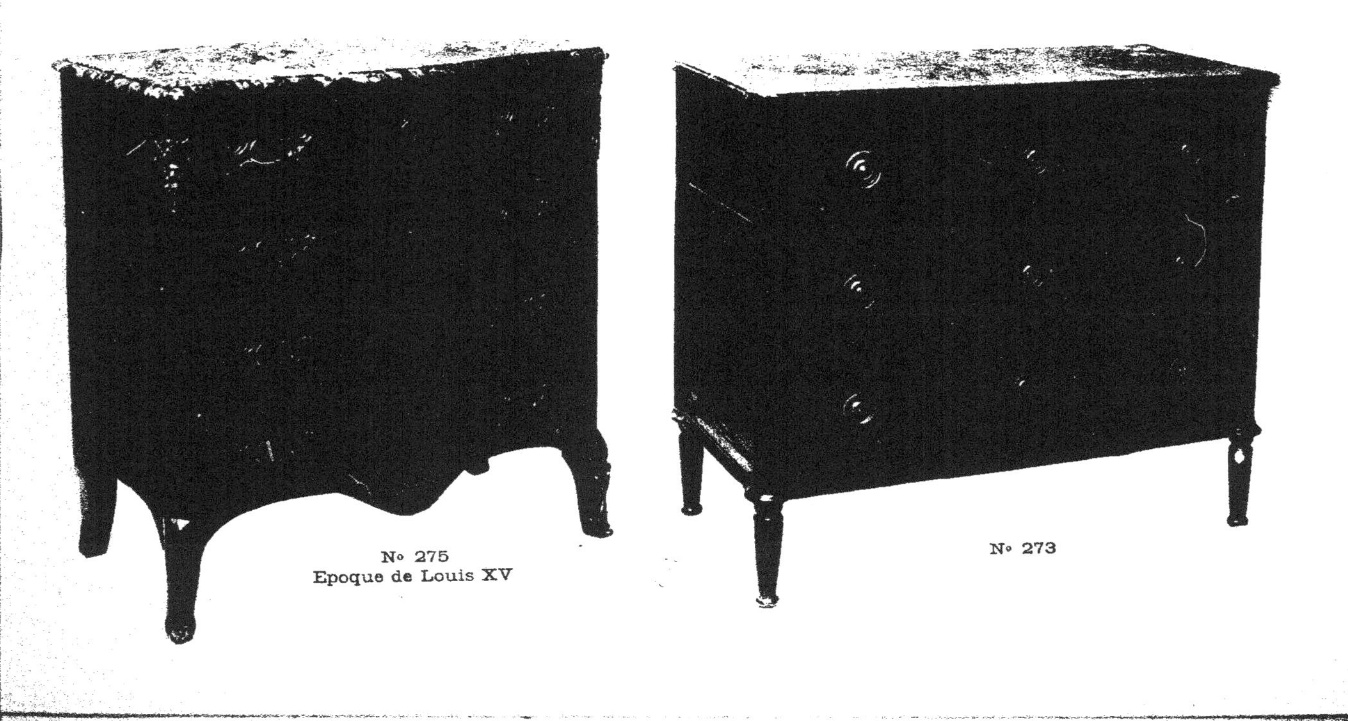

No 275
Epoque de Louis XV

No 273

344 — Une suite de cinq panneaux laqués noir avec personnages ivoire sculptés en relief.

345 — Un socle de pendule, applique Boule.

346 Porte-huilier, plaqué argent, incomplet, une coupe en marbre, buste de Balzac.

347 — Vide-poche anglais, époque de 1830, écaille, monture plaquée argent.

348 — Grand coffret écritoire et bol en saxe.

349 — Deux carafes cristal et un vase Empire.

350 — Un lot fragments camaïeu divers.

351 — Cadre bois noir, finement sculpté.

352 — Petite gravure, sanguine cadre vert, peinture indienne sur verre.

353 — Trois paysannes, aquarelle.

354 — Paire de statuettes assises, en fonte de fer « Voltaire et Rousseau », inscription école de Châlons-sur-Marne.

Haut. 0.23.

355 — Baiser de paix, en ivoire, représentant un calvaire, Allemagne xvie siècle (avarié).

Haut. 0 12.

356 — Paire de petits candélabres époque de Louis XVI, les femmes en bronze vert supportant le bras de lumière, d'après Clodion. socle marbre blanc et marbre gris (les branches manquent),

Haut. 0.37.

357 — Jolie petite pendule, bronze doré, époque du Ier Empire « Cupidon aiguisant ses traits » (bel état).

0.36 × 0.28.

358 — Quatre panneaux, en cuir de Cordoue, représentant des fruits et des fleurs en polychrome sur fond vieil or, xviie siècle.

0.75 × 0.45.

PEINTURES

359 — **Lancret** (attribué). — Pastorale de 3 personnages dans un jardin, jolie toile décorative, cadre doré.

0.63 × 0.70.

360 — **Largillière** (école). — Bon portrait d'homme, cadre bois sculpté doré, xviiie siècle.

361 — « Crépuscule », marine italienne, genre C.-J. Vernet.

362 — **Diaz** (école). — Jeune femme dans un parc.

363 — **Anonyme.** — Vestales faisant un feu de sacrifice sur un luxueux autel, xviiie siècle.

1.95 × 1.40

364 — **Anonyme.** — Moine étudiant la géométrie, toile espagnole (très avariée).

1ᵐ × 0.80.

365 — « Lady Evelyn Leseren Gower et le marquis de Stafford », par Edwin Lanseer et Rollet, pièce en noir, cadre du temps (superbe état).

0.60 × 0.75.

MEUBLES

366 — Petit écran devant de feu, époque de Louis XV.

367 — Banquette basse en acajou, raquetée, pour couchette.

0.70 × 0.90.

368 — Petite bergère, époque du Directoire, peinte en noir.

369 — Petite commode en acajou, marbre blanc, époque de Louis XVI.

Long. 0.85.

370 — Joli petit lit, fin de Louis XVI, noyer peint, colonnettes élégantes se détachant des panneaux.

1.75 × 0.90.

371 — Petit canapé acajou, Iᵉʳ Empire.

372 — Console rectangulaire de l'époque du Iᵉʳ Empire, en acajou clair, bagues, chapitaux et motifs en bronze finement ciselé et doré (parfait état).

Long. 1.15 × 0.42.

373 — Élégante petite console rectangulaire, en acajou et cuivre, haute, sur pieds, tablette, époque de Louis XVI.

Long. 0.95.

374 — Qutre fauteuils à médaillons, noyer naturel, époque de Louis XVI.

375 — Quatre fauteuils à chapeau, noyer naturel peint, époque de Louis XVI.

376 — Deux fauteuils raquetés, noyer sculpté, époque de Louis XV.

377 — Deux fauteuils raquetés, noyer sculpté, époque de Louis XV.

378 — Grand cadre de tableau, noyer sculpté peint couleur chêne, le
haut est cintré.

1.45 × 2.50.

379 — Grande banquette, à très haut dossier, noyer sculpté Renaissance.

1.35 × 2.25

380 — **Meuble de salon**, noyer sculpté, époque de Louis XV, composé
de : 1 canapé de 1.75 ; 2 grands fauteuils.

381 — Un fauteuil même genre.

382 — **Meuble de salon**, à médaillons, noyer, à moulures marguerites,
pieds cannelés peints en gris, époque de Louis XVI, composé
de : 1 petit canapé de 1.30 ; 4 fauteuils ; 2 chaises (bon état).

383 — Grande armoire buffet, époque de Louis XV, en noyer sculpté,
2 portes et 2 tiroirs sculptés dans le bas.

1.50 × 2.25.

384 — Excellent appareil photographique, à l'état de neuf.

Bordeaux. — Imp. G. CHARIOL, 25, rue des Frères Bonie.

9 782329 512099